Cómo hacer
bastones de
caramelo

Danica Kassebaum

Asesora

Jamey Acosta, M.S.Ed.
Especialista en lectura y estudiantes de inglés TOSA

Créditos de publicación

Rachelle Cracchiolo, M.S.Ed., *Editora comercial*
Emily R. Smith, M.A.Ed., *Vicepresidenta superior de desarrollo de contenido*
Véronique Bos, *Vicepresidenta de desarrollo creativa*
Dona Herweck Rice, *Gerenta general de contenido*
Caroline Gasca, M.S.Ed., *Gerenta general de contenido*

Créditos de imágenes: Todas las imágenes cortesía de iStock y/o Shutterstock.

Library of Congress Cataloging-in-Publication Data: 2024044628

5482 Argosy Avenue
Huntington Beach, CA 92649
www.tcmpub.com
ISBN 979-8-3309-0348-1
© 2025 Teacher Created Materials, Inc.
Printed by: 51497
Printed in: China

Tabla de contenido

¿Qué son los bastones de caramelo?

Los bastones de caramelo son dulces duros.

Tienen rayas y ganchos. A menudo las rayas son rojas y blancas.

Mucha gente compra estos caramelos en las fiestas de Navidad. Pero son una delicia para todo el año.

Preparación de bastones de caramelo

Los bastones de caramelo se preparan con tres ingredientes principales. Se hacen con **azúcar**, agua y **jarabe de maíz**. El azúcar debe estar muy caliente. Se calienta hasta que se derrita.

azúcar derretida

mesa para enfriar

Luego, el azúcar se debe enfriar. El fabricante de caramelo usa una mesa especial. Es una mesa para enfriar. La mesa es muy fría y hace que la mezcla de caramelo se enfríe.

Ahora es el momento de **estirar** el caramelo. Una **máquina** jala el caramelo una y otra vez.

Después, se agrega el sabor al caramelo. El fabricante de caramelo puede escoger cualquier sabor.

menta

Sabores

Los bastones de caramelo vienen en todos los sabores. Pueden tener sabor a fruta. La mayoría tienen sabor a menta.

máquina para estirar

El siguiente paso es calentar el caramelo. El calor hace que el caramelo se ponga blando. Cuando está blando se puede **moldear**. Entonces, se enrolla hasta formar un tronco grande y pesado.

Por fin, el caramelo está listo
para convertirlo en bastones.
¡Ahora se hacen las rayas y
los ganchos!

Rayas y ganchos

Tiras de azúcar de colores se envuelven alrededor del tronco. Esto es lo que hace las rayas de los bastones.

Se vuelve a jalar y estirar todo de nuevo. Se vuelve muy largo.

Rojo y blanco

Los primeros bastones de caramelo eran blancos. Ahora, la mayoría son blancos y rojos. Pero se pueden hacer de cualquier color.

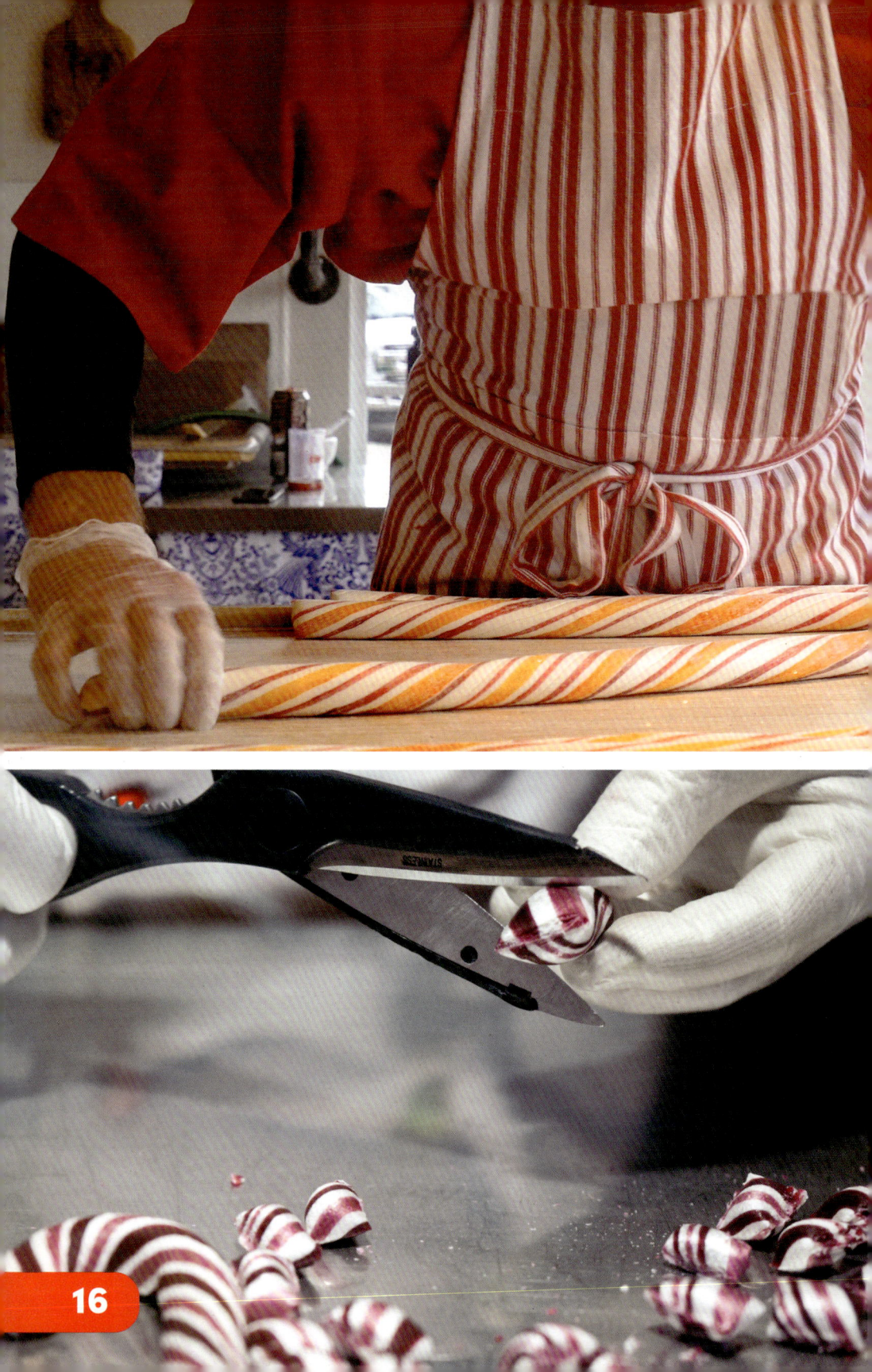

El fabricante de caramelo enrolla el caramelo estirado. Parece una soga muy larga.

Ahora, está listo para cortar en trozos. Los trozos se convertirán en bastones de caramelo. También se pueden convertir en mini caramelos.

El último paso es hacer los ganchos. Se dobla la parte superior. El doblez es el gancho.

Nadie sabe por qué los bastones de caramelo tienen gancho. Tal vez sea para que parezcan el bastón de un **pastor**.

bastón de pastor

Una delicia dulce

Algunos bastones de caramelo se hacen a mano.

Algunos bastones de caramelo se hacen con máquinas.

¡A la gente le encanta sin importar cómo se hayan hecho! Siempre son una delicia dulce.

Hagamos ciencia

¿Alguna vez te has preguntado si las rayas de los bastones de caramelo se pueden borrar? ¡Hagamos un experimento para descubrirlo!

¿Qué necesitamos?

- 3 vasos de plástico transparente
- 3 bastones de caramelo
- agua tibia
- agua fría
- vinagre

¿Qué debemos hacer?

- Etiqueta cada vaso con "vinagre", "agua fría" y "agua tibia".

- Llena cada vaso con lo que dice la etiqueta.

- Pon un bastón de caramelo en cada vaso.

- ¡Observa lo que sucede!

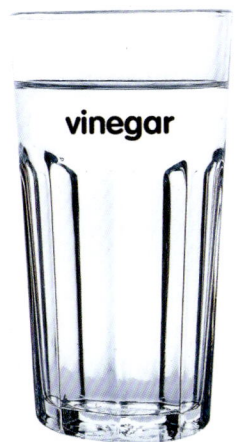

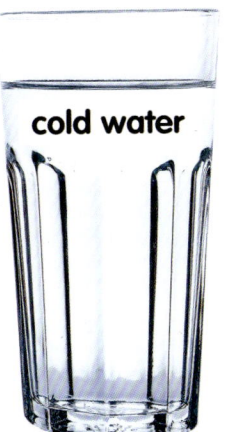

Glosario

azúcar: polvo o cristales dulces que salen de una planta

estirar: hacer algo más largo o ancho

jarabe de maíz: un líquido espeso que se prepara usando maicena y azúcar

máquina: un conjunto de piezas con partes móviles que realiza un trabajo

moldear: darle una forma a algo

pastor: una persona que cuida un rebaño de ovejas